DES AFFINITÉS

DE

LA LANGUE BASQUE

AVEC LES IDIOMES DU NOUVEAU-MONDE

par

M. H. DE CHARENCEY

SECRÉTAIRE DE LA SOCIÉTÉ DE LINGUISTIQUE DE PARIS
MEMBRE CORRESPONDANT DE L'ACADÉMIE IMPÉRIALE DES SCIENCES
ARTS ET BELLES-LETTRES DE CAEN

CAEN

CHEZ F. LE BLANC-HARDEL, IMPRIMEUR-LIBRAIRE
RUE FROIDE, 2

1867

Extrait des Mémoires de l'Académie impériale des Sciences, Arts et Belles-Lettres de Caen.

DES AFFINITÉS

DE

LA LANGUE BASQUE

AVEC LES IDIOMES DU NOUVEAU-MONDE.

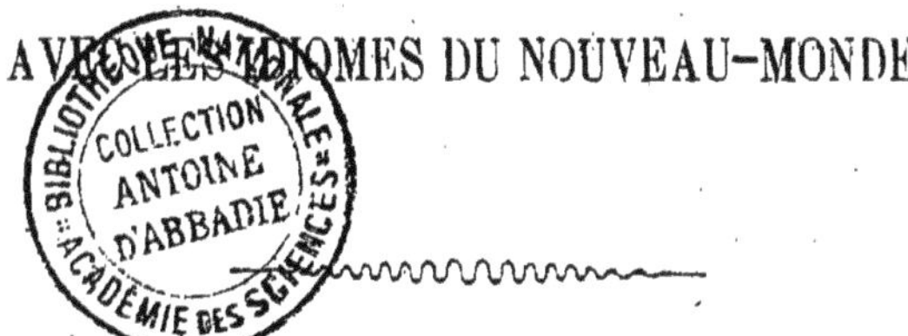

M. le docteur Pruner-Bey a déjà donné, dans le *Bulletin* de la Société d'anthropologie, un savant mémoire sur l'affinité de la langue basque avec celles du Nouveau-Monde. Dans le présent travail, composé avant que nous eussions eu connaissance de celui de M. Pruner-Bey, nous nous efforcerons surtout de comparer le Basque aux idiomes du groupe Algique. La question des ressemblances existant entre l'idiome Euskarien et les dialectes américains a plus d'une fois attiré l'attention du monde savant. G. de Humboldt signale un certain nombre de rapports entre les groupes linguistiques, mais il ne les regarde pas comme fort probants. Ils proviennent surtout, dit-il, de ce que les langues se sont arrêtées juste au même point de développement linguistique. Ce seul fait serait déjà assez étrange. Dès les premiers âges de l'humanité, chacune des principales souches linguistiques en est arrivée à un point de développement spécial que toutes les autres ou ont dépassé ou n'ont jamais atteint ; et voici deux groupes d'idiomes qui, depuis cette époque jusqu'à nos jours, ont conservé une presque identité dans le mode de structure grammaticale. D'ailleurs, les autres familles de langues que nous connaissons n'ont jamais suivi une marche absolument régulière, ni uniforme. L'enfance des idiomes, on peut l'affirmer hardiment, a été aussi diverse de race à race, que peut l'être leur maturité. Les idiomes sémitiques, par exemple, beaucoup en avance sur tous les autres dialectes connus, quant à leur mode de flexion interne des voyelles, laissent bien loin derrière eux, à cet égard, les idiomes indo-européens les plus développés. Au contraire, sous le rapport de la déclinaison, ils se montrent fort en retard et n'atteignent pas au même point que les langues ouraliennes, chez lesquelles le pronom est susceptible de flexion casuelle. Nous sommes donc fondé à croire que la seule similitude de génie grammatical des deux idiomes, lorsqu'elle s'étend à un grand nombre de points et n'est d'ailleurs point contrebalancée par des différences importantes, constitue à elle seule une grave probabilité en faveur de l'unité originelle de ces mêmes idiomes. Du reste, la ressemblance qui existe entre le Basque et certains dialectes américains n'est pas, comme nous l'allons voir, bornée au seul génie grammatical.

On peut affirmer que, parmi toutes les familles américaines, la famille *Algique,* comprenant le Delaware, l'Algonquin, le Chippeway, l'Illinois, l'Abénaki, etc., est celle qui nous offre le plus d'affinité avec le Basque. Cela est un fait important à signaler. Ce sont précisément les deux groupes de langues parlées sur les côtés opposés de l'Atlantique qui paraissent se rapprocher le plus l'un de l'autre.

D'abord, quant au système phonétique, les langues canadiennes, ainsi que le Basque, ne font point usage du son *F*. Elles répugnent également à toute liaison, les consonnes muettes et liquides, dans laquelle les liquides se trouveraient à la fin d'un mot.

Dans les idiomes canadiens, ainsi qu'en Basque, nous retrouvons généralement la structure agglomérante, l'emploi des postpositions; mais tout cela n'est pas le plus important. Il existe un procédé uniforme dans la manière de former les mots composés, lequel semble à peu près étranger aux autres familles linguistiques de l'Ancien-Monde. Lorsque deux mots s'unissent pour former un composé, souvent la partie radicale de la seconde de ces formations s'efface. Par exemple, en Basque, *hilhun*, crépuscule, pour *hil egun* (litt. *mortua dies).* — *Hemeretzi*, dix-neuf, pour *hamar* (decem) et *bederatzi* (novem). — *Orzanz*, tonnerre (litt. bruit du nuage), de *ortz*, nuage et *azanz*, bruit. — *Odotsa* (même significat.) de *odeï*, *odoï*, nuage, et *otsa*, bruit. De même en Delaware, *lenapé*, un indigène, un Indien, de *lenni*, indigène, et *apé*, marcher debout; litt., la créature qui se tient debout, l'homme. — *Pilapé*, jeune garçon, de *pilsitt*, castus, et *lenapé*, homme. De même encore dans un très-grand nombre d'idiomes de l'Amérique du Nord. Par ex.: en Dacotah, *tintata*, vers la prairie; de *tinta*, prairie, et *yata*, vers. — En Obbjibeway, *totoshabo*, vin; de *toto*, lait, et *shominabo*, grappe (litt., lait de la grappe). — En Artèque, *camopalli*, couleur brune, de *camotli*, patate, et *tlapalli*, couleur (litt., couleur de patate).

On trouve des exemples de ce mode de formation dans les langues les plus diverses, mais seulement à l'état de très-rares exceptions, par ex.: en latin *nolo*, pour *non volo; malo*, pour *magis volo;* en français (dans le langage vulgaire), *mamzelle*, pour *mademoiselle;* en grec, ζώγρεω, prendre vivant, pour ζῶον αγρεω; en latin encore, *manubrium*, hache, pour une vieille forme, *manus haberium*, ce que l'on tient à la main. —En Allemand, *beim*, *zum*, chez, auprès, pour *bei dem; zu dem.* —En Flamand ou Néerlandais, *vant*, du, pour *van het.* —En Espagnol, *usted*, pour *vuestra merced; ucencia*, pour *vuestra eccelencia.* — En Arabe, *Raçoullah*, prophète de Dieu (pour *Raçoul el Allah*). —En Japonais, *anata*, je, moi; *konata*, tu, toi; *sonata*, il, lui pour *ano kata*, *kono kata*, *sono kata* (litt., cette place; cette place-ci; cette place-là), *koyé*, cabane, pour *ko iyé* (litt., petite maison).

Dans les patois de l'Amérique du Nord, la plupart des mots sont formés ainsi. En Basque, ce procédé d'élimination, quoique moins souvent employé, l'est encore infiniment plus que dans les autres idiomes de l'Ancien-Monde, et s'il n'est pas aussi général qu'en Delaware, cela tient sans doute à l'influence indo-européenne.

Il y a, toutefois, encore une distinction à établir entre l'Eskuara et les langues algiques. Le premier de ces idiomes, n'emploie guère le procédé d'élimination que pour les composés des deux substantifs ou d'un nom et d'un adjectif. Au contraire, les dialectes américains s'en servent pour former des membres de phrase ou parfois des phrases entières, ou pour unir, comme nous l'avons vu en Dakotah, un substantif à une postposition, par ex. : Lenapé *kitannitowit*, toi qui es l'être suprême ; de *kitchi*, grand ; *manitou*, esprit et *wit*, désinence verbale ; *kitagichgouk*, espèce de serpent qui ne sort que la nuit ; de *kitamen*, craindre, *gichouk*, soleil et *achgouk*, serpent ; *kouligatchiz*, nom d'amitié que l'on donne aux animaux domestiques, aux jeunes chats, aux jeunes chiens; de *k'*, tu, toi; *woulit*, joli, jolie ; *achgat*, patte et *chiz*, finale diminutive (litt., toi, la jolie petite patte). Il est vraisemblable, qu'ici encore, le contact avec les peuples indo-européens a dû déterminer les Basques à restreindre l'emploi du procédé en question, tandis que chez les nations barbares du Nouveau-Monde, il a conservé son extension primitive.

Très-probablement, les règles de composition ont été la conséquence du penchant qui porte les sauvages à restreindre le nombre de leurs radicaux, comme s'ils craignaient de charger leur mémoire et par conséquent, à multiplier le nombre des mots composés. Au contraire, les races qui ont toujours vécu dans un état de civilisation relative, ont aussi gardé un nombre considérable, non-seulement de racines, mais encore de radicaux, et se sont bornées à leur joindre des désinences dérivatives. L'usage de procéder par mots composés, rendant le discours prolixe outre toute mesure, on dut chercher un moyen de l'abréger et l'on n'en trouva point de meilleur que d'éliminer une partie de ces mêmes composants. En un mot, tandis que l'homme civilisé emploie une quantité considérable de mots isolés, susceptibles d'entrer dans toutes les phrases, l'homme sauvage se tient à un certain nombre de combinaisons verbales, susceptibles de rendre les idées les plus usuelles. On remarquera, en effet, que le Basque comme les idiomes américains, est fort pauvre en radicaux, et qu'il supplée volontiers à cette lacune, au moyen de composés. Nombre d'idées, rendues dans les dialectes indo-européens par les dérivés, le sont en Basque au moyen de radicaux combinés, ex. : *belhaun*, genou, de *belhar*, front et *oin*, pied, *yartegi*, banc (litt., demeure où l'on s'asseoit), de *yar*, sedere et *tegi*, domus; *araistegi*, prison, de *har*, *hartu*, capere, captus, et *tegi*, domus.

Les idiomes canadiens admettent comme l'Eskuara la distinction entre le genre *rationnel*, et le genre irrationnel. En Basque, par ex., la désinence inessive *bailthan* est spéciale aux êtres doués de raison ; les désinences *tan*, *ean*, *etan*, le sont aux objets non doués de cette faculté, ou même aux êtres raisonnables, maïs alors désignés *in genere*, non *in specie*. Ainsi, l'on pourra dire *gizonetan*, in homine, mais il faudra toujours dire *Yinkoabailthan*, in Deo; *Maria-bailthan*, in Maria.

Dans les langues américaines, comme en Basque, le genre rationnel serait plutôt ce que l'on peut appeler le genre noble, par opposition au genre inanimé ou ignoble, mais il comprend un plus grand nombre de mots qu'en Basque. Tous les objets animés, rationnels ou non, et certains objets inanimés, à raison de leur noblesse ou de leur utilité, sont classés par les Canadiens dans le genre animé. D'autres idiomes américains se rapprochent plus à cet égard du Basque : ainsi, l'Iroquois classe dans le genre noble, Dieu, les anges et tout ce qui est mâle dans l'espèce humaine seulement.

Une différence à signaler entre les idiomes canadiens et l'Eskuara, c'est que chez les premiers la distinction générique n'a pas lieu pour les noms au singulier. Ceci, du reste, se retrouve dans beaucoup d'autres dialectes du Nouveau-Monde, par ex. : en Dakotah, où les noms du genre noble seuls prennent le signe du pluriel, qui est *pi;* en Quiché, les noms d'objets inanimés ne prennent jamais la finale en *ab, ob, ib, ub*, qui marque le même nombre.

Les idiomes algiques, eux, possèdent une double désinence plurielle, celle en *al*, *ar* ou *an* pour le genre ignoble, et celle en *ak*, *ek* ou *k* pour le genre noble. Ex. : En Lenapé, *tcholens,* oiseau et *tcholensak* oiseaux. Cette finale *ak* ou *ek* est la désinence générale du pluriel en Basque. Par ex. : *gizon*, homme et *gizonak*, les hommes. On pourrait supposer qu'à l'origine, cette finale *ak*, *ek* du pluriel était réservée en Basque aux noms du genre noble.

La déclinaison ne se retrouve guère dans les dialectes américains, tandis qu'elle est très-développée en Basque. Je serais porté à croire que, dans ce dernier idiome, elle n'est pas primitive, quelque extension qu'elle ait prise par la suite. Il ne faut pas oublier qu'en effet, cette déclinaison se fait en grande partie au moyen de l'article *a* final et l'on peut supposer qu'ici il y a eu influence indo-européenne. On sait que le Hongrois a pris du Polonais le pronom *a* ou *az* et en a fait une sorte d'article dont les autres idiomes finnois sont dépourvus.

Un caractère assez général des langues américaines, c'est de posséder des termes différents pour les degrés de parenté suivant le sexe de la personne qui parle ou dont l'on parle. Ainsi, en Algonkin, *kanis* signifie frère de frère seulement et non frère de sœur; *tikik*, au contraire, signifie exclusivement sœur de la sœur. Ceci se retrouve scrupuleusement conservé en Basque, mais pour un seul cas. Une femme y désigne sa sœur du nom d'*Ahispa*; la sœur d'un homme est *Arreba*. Il est vraisemblable qu'à l'origine, ce procédé était plus usité en Eskuara.

Enfin, l'on sait que dans les idiomes algiques, les noms se conjuguent et prennent un grand nombre de flexions qui, dans les idiomes de l'Ancien-Monde, seraient propres au verbe. Ainsi, *Zabie*, Xavier et *Zabieban*, Xavier qui était, Xavier que j'ai connu, mais qui est mort et *Zabiegoban*, feu Xavier que je n'ai pas connu. La plupart des désinences du nom se peuvent également donner au verbe; par ex.: la finale *tok* qui marque doute, possibilité. En Basque, nous retrouvons quelque chose de tout semblable. La finale *tze*, par ex., qui est le signe habituel de l'infinitif. *Laguntzea*, accompagner (de *lagun*, compagnon), se trouve aussi prise comme finale nominale. *Sagarra*, pomme et *Sagartze*, pommier. Le nom prend une finale de futur. Par ex. : *Emazte*, femme et *Emaztegaia*, femme future, fiancée. Le signe de l'imparfait sert exactement, comme en Algonkin, à rendre l'idée de *défunt, feu*, lorsqu'il est uni à un nom. Ex. : *aita*, père; *aitazena*, feu le père, et *zen*, il était, il fut. De même en algonkin, pour la finale *ban* ; ex. : *Micen,* Michel ; *Miceniban*, défunt Michel ; *ni sakiton*, je l'aime et *ni sakitonaban,* je l'aimais. On sait que dans quelques autres idiomes du Nouveau-Monde, le nom prend régulièrement les signes du passé et du futur (en Guarani, par ex.). Le système de numération canadien rappelle, à plus d'un égard, le système basque. Ainsi, en Etchemin, le nombre 9, *pechkokem,* semble être en relation étroite avec *bechkon*, un, comme en Basque *bat*, un avec *bederatsi*, neuf. Nous aurions peut-être quelques raisons de croire que ce procédé a été dès l'origine suivi par tous les peuples Lenapés.

On a été tenté de retrouver chez les Basques, une tendance au système quinaire, dans ce fait que, à partir de cinq et jusqu'à neuf inclusivement, les noms de nombre sont marqués d'une finale *i* ou *tsi* dont les autres sont dépourvus. On pourrait trouver quelque chose d'analogue en Algonkin, où ces mêmes nombres sont marqués par la finale 8*as*8*i*.

Le système vigésimal, si souvent uni au système quinaire, existe en Basque. Par ex. : *birrogei* 40 (litt., 2 fois 20). —*Birrogei eta hamar*, 50 (litt., 40+10). — *Hirrurogei*, 60, etc. (litt., 3 fois 20). Il existe également dans les idiomes de la famille Maya-Quiché. Par ex. : en Maya, 20, *kal* ou *hunkal;* 80, *cankal* (litt., 4 fois 20) ; *uackal*, 120 (6 fois 20). — Mais comme il se rencontre également en Breton, par ex. : *tri ugent*, 60 (litt., 3 fois 20). — *Nao ugent*, 180 (litt., 9 fois 20) ; qu'on en retrouve des vestiges dans le Français quatre-vingts, quinze-vingts, et que d'un autre côté il manque en Algonkin, où il est remplacé par le système décimal, nous n'osons pas tirer des conclusions de cette coïncidence.

Les pronoms personnels en Basque et en Algonkin offrent, je ne dirai pas une grande ressemblance mais une identité presque absolue. On en pourra juger par le tableau suivant :

	BASQUE.	ALGONKIN.
Je.	*Ni.*	*Ni.*-Lenapé *n'.*-Chippeway, *nin*, etc.
Tu.	*Hi* (pour *Ki*).	*Ki.*-Lenapé *k'.*-Chippeway *kin*, etc.
Il.	*Hau.*	*O.*
Nous.	*Gu.*	*Ki*

Ces affinités existent à un degré plus ou moins prononcé dans toutes les langues algiques. Dans les idiomes du groupe Chichimèque ou Aztèque, la 1re personne est toujours marquée par un *n* initial. Enfin, en Quiché et en Maya, la 1re personne du pluriel est *ka* ou *ca*. Quant à la finale *t*, qui exprime la 1re personne du singulier, nous en parlerons plus loin.

Dans les langues algiques (et généralement dans tous les idiomes américains), les personnes se préposent au verbe comme dans la conjugaison syncopée de l'Eskuara, par ex. : en Lenapé. *n' pendamen,* j'entends; *k' pendamen*, tu entends; de même, en Basque *nathor*, je viens; *hathor*, tu viens; *noua*, je m'en vais; *houa*, tu t'en vas (conjugaison intransitive syncopée).

Un des caractères des langues canadiennes, c'est d'être exclusivement pronominales; je m'explique, le Lenapé dira, par ex.: *noch*, mon père ; *koch*, ton père, mais il ne pourrait rendre l'idée de *père* isolée et non accompagnée du pronom. Cela se retrouve dans beaucoup d'autres dialectes de l'Amérique du Nord.

Les missionnaires qui voulurent traduire les prières chrétiennes en langue Huronne, étaient obligés de rendre ainsi le *Gloria Patri ;* gloire à *notre* Père, et à *son* Fils, et à *leur* Saint-Esprit. Les idiomes méridionaux, quoique plus libres dans leur allure, accolent toujours le pronom plus ou moins intimement au nom. En Pokonchi, par ex., le nom est intercalé dans le pronom : *tziquïn*, oiseau, et *kitziquintak*, leur oiseau (*ki-tak,* leur).

Le Basque incorpore également le pronom au verbe, au moins à certains temps, par ex. : *zen* ou *zan*, il était et *nintzan,* j'étais. On remarquera qu'en Algonkin, le pronom prend quelquefois comme en Basque, un *n* euphonique, par ex. : Basque, *hintzan*, tu étais, pour *ki zan;* en Algonkin, *nind apinaban*, pour *ni apinaban.* Enfin, à la conjugaison transitive du Basque, le pronom régime direct ne peut pas s'isoler du verbe. L'Eskuara dira bien : *yaten dot ogia*, litt., je le mange, le pain; mais il manque d'une forme propre à rendre notre phrase simple, *je mange le pain.* Les Basques sont si habitués à cette fusion du régime et du verbe, qu'ils la regardent comme exprimée dans les autres idiomes. Un Basque auquel on demande en Français : *as-tu fermé la porte*, vous répondra toujours : *j'ai fermé* et non *je l'ai fermée.*

On reconnaît là cette répugnance des races barbares pour les idées abstraites, cette tendance à ne considérer les objets qu'au point de vue concret, tendance qui parfois s'unit à une richesse excessive dans l'expression des moindres nuances de la pensée.

On s'est plu à voir une distinction radicale entre

le Basque et les idiomes américains, dans ce fait que l'Eskuara fait toute sa conjugaison au moyen de l'auxiliaire *être* et *avoir*, tandis que les dialectes canadiens ne connaissent point le verbe substantif. Aussi, M. Duponceau déclare-t-il n'avoir pu traduire dans aucune langue de cette famille la phrase biblique : « Je suis celui qui suis. » Cette divergence, après examen, semblera peut-être moins tranchée qu'on ne croirait au premier coup-d'œil. Il est douteux qu'il y ait, à proprement parler, des verbes en Basque. *Niz*, que l'on traduit par *je suis*, est le médiatif régulier de *ni*, je ou moi veut dire littéralement *par moi, de moi ; gure,* nous sommes, n'est, suivant toutes les apparences, que pour *gura* et forme l'allatif de *gu*, nous. Son sens véritable est donc *à nous*, *vers nous*. Il conviendrait, sans doute, de traduire l'expression *ethorten naiz*, je viens, par *in τῷ venire per me*. La présence du radical *iz* dans *izan* semble, il est vrai, contredire cette hypothèse et accuser la présence du radical *être*. Il serait possible d'abord qu'*iz* ne fût qu'une finale prise comme radical. Cet étrange procédé n'est peut-être pas sans exemple en Basque, et le mot *gaï*, *gaïa*, matériaux, ce qui est propre à devenir (par ex. : dans *emaztegaïa*, femme future, fiancée), pourrait bien se rattacher à la flexion *ka*, par, vers. Je ne sais si l'on ne trouverait pas quelque chose d'analogue en Turc pour le verbe substantif, dont certaines formes se rapprochent des suffixes possessives. Si même l'on admet que la syllabe *iz* constitue un radical verbal il est bien difficile de ne le pas rapprocher du radical sanscrit *as (asmi*, je suis) et de n'y pas voir un de ces emprunts sans

calation de l'*n* dont nous avons cité quelques exemples au sein des langues canadiennes. Quant à la 3e personne *zen*, elle nous offre un radical dépourvu de tout pronom. Cette omission du pronom de la 3e personne du singulier se retrouve à chaque pas dans les dialectes du Nouveau-Monde, par ex. : en Groenlandais, *angekog*, grand, et il est grand. En Mexicain *tlapia*, un gardien et il garde. En Algonkin, *ni sakidjike*, j'aime, et *sakidjike*, il aime. Du reste, les langues sémitiques et touraniennes nous offrent plus d'un exemple de ce procédé, par ex. : en Turc, *sever*, amans ou amat. En Basque et en Algonkin, la 2e et la 3e personne du pluriel possèdent un signe spécial qui n'existe pas pour la 1re personne du même nombre. Si sur ce point l'accord est remarquable, les désinences toutefois n'offrent point d'analogies, quant au son, dans les deux groupes de langues. Elles sont *te* ou *de* en basque, ex. : *zerate*, vous êtes ; *dira* ou *dirade*, ils sont ; mais *gera*, nous sommes ; 8*a* en Algonkin ; ex. : *ki sakitona8a*, vous les aimez ; *o sakitona8a*, ils les aiment ; mais *ni sakitonanan*, nous les aimons.

La finale locative *ko* ou *go* a en Basque une valeur future, ex. : *izango naiz*. futurus sum ; pro τῳ esse sum. Nous trouvons en Chippeway, la syllabe *go* marque du futur, mais intercalée entre le pronom et le verbe, ex. : *ninôndom*, j'entends, et *ningônondom*, j'entendrai. Peut-être, du reste, cette analogie n'est-elle que le fruit du hasard ; le *go* devient *ga* en Algonkin, ex. : *ninga sakiha*, je l'aimerai.

Nous serions bien téméraire sans doute, en prétendant établir la moindre analogie entre la finale sociative *ki* du Basque qui, quelquefois a une valeur de temps présent, par ex. : *hettziareki erran dut*, il m'a dit en arrivant (litt., avec l'arrivée), et le *ki*, *gi* marque du passé dans les dialectes algiques, par ex. : en Chippeway *nin gi nôndom*, j'ai entendu ; en Algonkin *ni sakiha*, je l'aime, et *nin gi sakiha*, je l'ai aimé. On concevrait cependant que le sociatif puisse assez indifféremment se transformer en signe de présent ou de passé.

L'optatif basque est marqué par la syllabe *za* ou *da* intercalée avec *n* final, par ex. : *yan degu*, nous l'avons mangé et *yan dezagun*, que nous le mangions. L'Algonkin fait usage pour le conditionnel de la syllabe *da*, également intercalée, ex. : *ninda sakiha*, je l'aimerais. Mais je soupçonnerais la forme américaine de se rattacher plus directement à l'optatif du verbe *être* en Basque, marqué par la syllabe *ad*, *di*, intercalée, ex. : *niz*, je suis, et *nadin*, que je sois, *hadin*, que tu sois.

Certaines conjonctions sont unies au verbe sous forme de simples finales dans ces deux groupes de langues, ex. : en Basque, *nizalarik*, tandis que je suis ; *nizalakoz*, parce que je suis ; en Algonkin, *sakihâtch*, s'il l'aime.

En Basque, ainsi qu'en Algonkin, certaines formes verbales peuvent être à la fois transitives et intransitives, par ex. : en Eskuara, *nuzu*, je suis (forme respectueuse), et *nuzu*, vous m'avez (vous singulier et respectueux) ; en Algonkin, *sakiha*, il est aimé et avec le pronom *ni sakiha*, je l'aime. Ceci nous fait voir que les dialectes canadiens pas plus que le Basque n'ont senti bien nettement la distinction entre le passif et l'actif; *ni sakiha*, se doit rendre littéralement par *moi*, *il est aimé*; c'est-à-dire, *je l'aime.* En Basque, nous trouvons quelque chose de tout-à-fait semblable. Le cas nommé actif et qui le plus généralement est une forme du sujet, peut aussi remplir le rôle d'un véritable ablatif, ex. : *nik egin dut*, je l'ai fait (ego factum habeo) et *nik egina*, ce que j'ai fait (ego factum, per me factum).

On conçoit combien la conjugaison doit être compliquée en Basque et dans les idiomes américains. A tout cet enchevêtrement de personnes accolées au verbe, ils ajoutent une grande variété de mode. L'infinitif, qui en Basque est remplacé par une sorte de nom verbal, ne paraît point exister du tout dans les dialectes canadiens.

Les conjonctions isolées se rencontrent assez rarement dans ces idiomes, souvent elles consistent en désinences ajoutées au verbe ainsi que nous l'avons dit ; quant aux prépositions, elles se placent le plus souvent après le mot et deviennent ainsi de vraies postpositions. Cette règle est plus fidèlement observée dans certains groupes d'idiomes américains que dans les langues algiques.

En Algonkin et dans un grand nombre de dialectes du Nouveau-Monde, l'adjectif précède le nom et ce dernier seul prend la marque du pluriel. Ex. : *matchi animotch*, un mauvais chien et *matchi animotchak*, de mauvais chiens. En Basque, l'adjectif peut, il est vrai, précéder ou suivre le substantif; mais lorsqu'ils sont unis, l'un des deux seul revêt la forme plurielle. Ex. : *gizon guziak*, tous les hommes et non pas *gizonak guziak*. On trouverait cependant à cette règle, en Basque, quelques exceptions peut-être plus apparentes que réelles. Les langues touraniennes, ou du moins un assez grand nombre d'entre elles, nous offrent la même particularité, mais chez elles, elle s'étend plus loin encore, puisque la désinence du temps ne s'applique qu'au dernier des participes qui se suivent dans une phrase.

Un des caractères les plus étranges de la langue basque, c'est sa faculté de former à l'infini des mots composés ou surcomposés, en ajoutant et combinant l'article final *a* et les désinences du participe en *tu*, de l'infinitif du nom verbal en *tze* ; ex. : *errege*, roi ; *erregea*, le roi ; *erregearen*, du roi ; *erregearentze*, devenir celui du roi ; de là *erregearentzea*, *erregearentzearena*, etc., et ainsi de suite, nous le répétons, jusqu'à l'infini. L'emploi de l'article final a puissamment contribué à développer ce procédé au sein de la langue, et bien qu'il soit peut-être d'origine argo-européenne, il donne à l'Eskuara une physionomie nullement indo-européenne. On dirait qu'en philologie, comme en chimie, le mélange a parfois pour effet de donner naissance à des composés doués de propriétés différentes de celles que nous rencontrons chez les composants. Les langues américaines, non pourvues de l'article, ne jouissent pas ou du moins ne nous ont pas paru jouir de cette faculté de former des surcomposés ; mais elles peuvent, ce qui les rapproche un peu de l'Eskuara, verbiser beaucoup de noms et d'adjectifs surtout, en préfixant un pronom. C'est ce que nous remarquons en Mexicain, en Iroquois, dans les langues algiques. En Algonkin, par exemple, rien de plus facile que de transformer un nombre ordinal en verbe. Ex. : *nitam*, premier, et *nitamicin*, je suis le premier.

Le pronom y joue en quelque sorte le rôle de l'article basque. La même particularité se remarque, du reste, dans un certain nombre d'idiomes touraniens. Bien que les affinités lexicographiques soient difficiles à saisir dans les langues des Sauvages, que les radicaux s'y modifient, s'y perdent avec une facilité incomparablement plus grande qu'ils ne font dans les idiomes sémitiques ou indo-européens, nous pouvons citer cependant quelques mots et des plus importants, communs au Basque et aux dialectes canadiens. Ex. : Basque, *agam*, nourrice ; Algonkin, *ogema*, *okomis*, mère-aïeule et *ga*, mère ? — Basque, *ora*, chien ; Narangansett, *aroùm*. — Basque, *chorî*, oiseau ; Lenapé, *tcholens*. — Basque, *hume*, enfant ; Sankhikhan ou, Etchemin, *amomon*.—Basque, *anaï*, frère (prob. d'un radial *kan* ; avec suppression du *k* initial et *i* euphonique) ; Algonkin, *kanis*, frère de frère. — Basque, *okhitu*, vieux, usé ; Algonkin, *kete*, vieux, ancien. — Basque, *bat*, un et *Bakhar*, unique (radic., *ba*, *bat* ou *bakt* ?) ; Ménomène, *pékots*, un ; Knistineau, *pyak* ; Canadien propre, *bégou* ; Sankhikhan, *bechkon*, etc. — Basque, *bortz*, cinq ; Sankhikhan, *parénach*.— Basque, *eskua*, main ; Lenapé, *nachk* (avec *n* préfixe) ? — Basque, *as*, roc, rocher, Lenapé, *achsin*, pierre. Il y a en Sanscrit un radical assez analogue pour signifier *pierre*. Il existe, dit-on également, bon nombre de radicaux communs au Basque et au Péruvien, mais nous ne pouvons rien décider à cet égard.

Nous avons eu recours, pour la comparaison des

langues américaines avec le Basque, tout particulièrement aux *Etudes philologiques sur quelques langues sauvages d'Amérique*, par M. N. O., ancien missionnaire (Montréal, 1866). Cet ouvrage est d'une importance sans pareille pour quiconque veut s'occuper des idiomes canadiens. Nous nous sommes efforcé de chercher tous les points de contact existant entre eux et l'Eskuara. Leur nombre est trop considérable, je crois, pour qu'on puisse se refuser prudemment à admettre une origine commune entre toutes ces langues. Sans doute, elles présentent entre elles des différences énormes ; mais il ne faut pas juger de la philologie américaine par celle des Sémites ou des Indo-Européens. Est-ce que nous ne voyons pas les groupes de langues centro-asiatiques, par exemple, le Mongol et le Tongouse, l'Ostyak et le Japonais, offrir les dissemblances les plus frappantes si nous les comparons les uns aux autres ? Néanmoins, tout le monde est d'accord pour les ranger dans une seule famille, la famille touranienne, et leur parenté éclate surtout par l'affinité de leur génie grammatical. Cela est si vrai que la syntaxe du Finnois et du Turc, dialectes bien divers par le vocabulaire, est restée presque identique et cela jusque dans les moindres détails. On peut, assure-t-on, traduire une page entière du Finnois en Turc en faisant usage du même nombre de mots exactement et placés dans le même ordre. Certainement, le Basque, si l'on fait abstraction de ce qu'il doit à l'influence indo-européenne prolongée pendant des siècles, a bien une physionomie tout américaine. Que l'on supprime chez lui l'article final, l'emploi du verbe auxiliaire, que l'on donne plus d'extension aux procédés de brisure des radicaux, à l'emploi d'un langage spécial pour chaque sexe, au moins dans l'expression des rapports de parenté et je ne vois pas trop quelle différence essentielle l'on trouvera entre le Basque, par exemple, et le Delaware. Nous croyons en un mot que, par l'ensemble de ses caractères, le Basque se rattache directement aux dialectes canadiens et, par eux, à tous les idiomes du Nouveau-Monde ; car ils ont à peu près tous la même physionomie grammaticale, s'ils diffèrent énormément entre eux par le vocabulaire. Duponceau remarque, à cet égard, que le Delaware et l'Araucanien, le Mexicain et le Groenlandais, etc., parlés aux extrémités les plus éloignées du continent américain, semblent cependant coulés dans le même moule, si nous considérons la grammaire. En un mot, la souche, que nous nous proposons d'appeler *Vasco-américaine*, nous offre, mais avec plus d'intensité encore, le même spectacle que nous a déjà offert la souche touranienne. Il est à remarquer que les affinités sont surtout frappantes entre le Basque et les idiomes algiques; les peuples qui les parlent sont placés juste vis-à-vis de la France et de l'Espagne, de l'autre côté de l'Atlantique, et c'est à eux par conséquent que l'on pourrait le plus raisonnablement attribuer une origine européenne. Plus, au contraire, nous nous éloignons des rives du St-Laurent, plus les affinités linguistiques s'effacent, plus aussi les idiomes tendent à passer de la synthèse à l'analyse. Ainsi, nous voyons les langues de l'Amérique centrale en arriver à n'être plus pour ainsi dire que de simples idiomes agglomérants. Le travail de décomposition est plus frappant encore en Othomi, lequel ne saurait être mieux comparé pour sa physionomie générale qu'au Chinois et aux dialectes monosyllabiques de l'extrême Orient. Najera avait même, je crois, signalé un certain nombre de termes chinois en Othomi; mais la liste qu'il en donne prouve bien peu de chose. Des idiomes monosyllabiques, même n'ayant entre eux aucune affinité réelle, offrent toujours bon nombre de termes analogues. Nous nous efforcerons d'ailleurs de prouver, dans notre *Notice sur quelques familles de langues du Mexique*, que l'Othomi se rattache au *Mazahni*, déjà moins empreint de monosyllabisme, ainsi qu'à la langue franchement incorporante, désignée du nom de Matlatzinca ou Pirinda, et qu'il rentre ainsi dans le cadre des idiomes purement américains. L'Amérique du Nord, depuis le Canada jusqu'au détroit de Panama, nous offre donc le même spectacle pour ainsi dire que l'Europe, si nous la traversons d'orient en occident. A mesure que nous avançons, nous trouvons des idiomes de moins en moins dominés par l'esprit de synthèse. Le Français, par exemple, et l'Anglais sont infiniment plus analytiques que l'allemand et celui-ci l'est plus que les idiomes slaves. Nous avons donc quelque lieu de croire que les rives du St-Laurent ou celle des États de la Nouvelle-Angleterre, ont bien pu jouer dans l'histoire de la race cuivrée, le même rôle que la Bactriane ou la Médie dans celle de la race Japhétique.

Tel est l'exposé des preuves fournies par la philologie en faveur de l'origine occidentale des Américains; si quelques-unes de ces analogies peuvent paraître douteuses, le plus grand nombre ne l'est point, et le lecteur voudra bien nous pardonner quelques erreurs de détail que l'état encore si peu avancé des études américaines rendait presque inévitables. Passons maintenant aux données fournies par l'ethnographie et la science anthropologique.

La race cuivrée n'offre pas une très-grande fixité ; elle n'est pas, nous disait un savant anthropologiste, aussi nettement caractérisée que la race noire ou la race jaune. Néanmoins, les peuples indigènes du Nouveau-Monde se ressemblent tous en un point : ils ont la chevelure raide, noire, cassante ; la coupe du cheveu examinée au microscope est plus ou moins arrondie, au lieu d'affecter la forme ovale propre aux peuples caucasiques, ou d'être en ellipse allongée comme chez le Nègre. Ce caractère de la chevelure (et on peut, à ce sujet, consulter le mémoire si curieux de M. le docteur Pruner-Bey) se retrouve chez les peuples mongoliques ; mais il existe également chez le Basque. Les habitants des Pyrénées ne s'y trompent point et reconnaissent parfaitement un vrai Basque à sa chevelure toujours un peu raide et cassante. Le cheveu criniforme se retrouve, dit-on, chez un certain nombre d'habitants du Valois que l'on s'accorde à reconnaître comme les descendants des premiers peuples de l'Europe et les frères des Ibères. Nous n'insisterons pas sur quelques autres caractères typiques ; par exemple, la sévérité du regard contrastant avec l'expression gracieuse du bas du visage, chez le Basque comme chez certaines tribus américaines, l'œil fendu en amande et parfois très-légèrement rélevé à l'angle antérieur, ainsi que nous l'avons pu remarquer chez un certain nombre de Labourdins (ce caractère ne paraît point exister dans la Soule. Les Souletins, à en juger par leurs traits physiques, sont des Celtes, bien qu'ils aient adopté l'usage de l'Eskuara. Tous ces caractères, en effet, se retrouvent au sein de trop de races différentes pour offrir beaucoup d'importance.

L'usage de la couvade, en vertu duquel sitôt qu'une femme accouchait, le mari se devait mettre au lit, a existé, nous dit Chaho, dans quelques cantons du pays basque-espagnol où il était sans doute fort ancien. On le retrouva chez les indigènes des Antilles, chez les Brésiliens, où il a le caractère d'une véritable institution religieuse. Malheureusement, on le rencontre, malgré son étrangeté, un peu partout, et dès lors, il perd beaucoup de son importance ethnographique. Les anciens ont signalé son existence chez les Tibaréniens du Caucase, et il n'est pas inconnu, dit-on, aux *Miao-tseu*, les montagnards aborigènes de l'Empire chinois (1).

Je ne crois pas qu'il convienne de s'étayer beaucoup sur certains usages funéraires communs aux aborigènes de l'Europe et aux races américaines; les Brésiliens, par exemple, comme les premiers habitants de la Scandinavie, donnaient, affirme-t-on, au cadavre, en l'ensevelissant, la même posture qu'a le fœtus dans le sein de sa mère.

On sait que, chez les peuples primitifs, l'émigration est la principale cause de la perte de la civilisation. Les Germains, au temps de Tacite, étaient

(1) Voir, à cet égard, les Œuvres du docteur Virey.

sans doute moins avancés que les Argos du XVe siècle avant notre ère. Si nous nous réglons sur ce principe, nous serons fortement tentés de chercher sur les rives de l'Atlantique l'origine des races du Nouveau-Monde. A mesure que l'on s'avance de l'est à l'ouest, les germes de civilisation se montrent de moins en moins développés. On ne retrouve plus, par exemple, chez les peuples habitant à l'ouest des montagnes rocheuses, l'usage des Totems ou signes héraldiques des tribus, les cérémonies d'initiation pour les jeunes gens, ni l'existence d'une double classe de chefs, les uns commandant pendant la paix, les autres pendant la guerre. Ajoutons que les instruments de l'âge de pierre en Europe ressemblent singulièrement à ceux que se fabriquent encore aujourd'hui certaines tribus américaines, et que, sous ce rapport, l'affinité est plus grande entre notre Occident et le Nouveau-Monde qu'elle ne serait par exemple entre l'Afrique ou l'Australie et l'Europe. Nous ne parlerons ici qu'en passant de l'âge de cuivre, qui paraît avoir existé en Europe comme époque intermédiaire entre l'âge de pierre et l'âge de bronze. Cet âge de cuivre se retrouve en Irlande et dans le nord de l'Espagne. Or, les peuples de l'Amérique les plus civilisés ne l'avaient point dépassé, et à l'exception de quelques tribus du Groënland, qui autant que je me rappelle fabriquaient diverses armes au moyen du fer métorite, nul peuple américain n'employait ce dernier métal.

Que l'on ne s'étonne pas, du reste, de voir l'Amérique peuplée au moyen de colons européens de l'âge de pierre ou de cuivre. Toutes les îles de la

Polynésie ont reçu des colonisateurs qui n'étaient pas plus avancés en fait d'industrie. Les Néo-Zélandais, lesquels n'employaient que la pierre, le bois, l'os ou l'arête de poisson, contruisaient bien des pirogues pouvant contenir cinquante personnes. Les aborigènes de l'Europe pouvaient certainement en faire autant. Que l'on suppose une de ces embarcations contenant deux ou trois familles, transportée par les vents jusqu'en Amérique, cela n'a rien d'extraordinaire. Ne savons-nous pas qu'une petite embarcation chargée de vins, qui faisait le commerce entre les diverses îles Canaries fut entraînée par une bourrasque jusqu'à la Trinitad, *bar lo vento*, dans les Antilles, où l'équipage aborda encore vivant ? Ne sait-on pas qu'Alvarès Cabral, parti pour explorer les côtes africaines, fut jeté par la tempête sur les rives brésiliennes dont il fit ainsi la découverte involontaire ? Et pour prendre un exemple plus frappant, au milieu du dernier siècle, une barque esquimaude fit naufrage sur la côte d'Écosse, où son propriétaire vécut plusieurs années. On a de bonnes raisons de le croire : ces Indiens dont parle Strabon et qui avaient été jetés par les vents à l'embouchure du Weser, n'étaient sans doute, eux aussi, que des Groënlandais, bien que quelques auteurs se soient plu à y voir des Slaves ou des Vendes.

Ces émigrants arrivant en petit nombre, sans être accompagnés d'animaux domestiques autres que le chien (il est à remarquer du reste que, d'après les recherches les plus récentes, c'était le seul serviteur que possédassent les hommes de l'âge de pierre dans le nord de l'Europe), n'ayant pas songé à emporter avec eux de graines alimentaires, durent demander à la chasse et à la pêche tous leurs moyens de subsistance. Ils ne tardèrent pas, par conséquent, à retomber dans l'état sauvage. En revanche, trouvant le nouveau continent tout-à-fait inhabité, n'ayant point à lutter contre le principal obstacle qui arrête le cours des immigrations, c'est-à-dire contre d'anciens possesseurs du sol, ils durent se répandre avec la plus grande rapidité sur toute la surface de l'Amérique. Celle-ci, en quelques siècles, en quelques années peut-être, se trouva peuplée par une race homogène, depuis le Labrador jusqu'au cap Horn. L'accroissement de la population chez les premiers émigrants dut être fort rapide, comme cela arrive toujours en pareil cas. Les espèces animales et l'espèce humaine elle-même, en vertu d'une loi mystérieuse de la nature, tendent toujours à se propager d'autant plus vite que l'espace à occuper est plus considérable. C'est ainsi qu'au Brésil, la fécondité des mariages est supérieure dans les districts à demi déserts à ce qu'elle est dans les provinces plus populeuses; c'est ainsi que tous les États de l'Amérique voient le chiffre de leurs habitants décupler en moyenne chaque demi-siècle. C'est ainsi encore, pour entrer dans un autre ordre d'idées, que les animaux domestiques abandonnés par les Espagnols dans les îles et sur quelques points du continent américain, formaient déjà d'immenses troupeaux, très-peu d'années après la découverte.

Lorsqu'il s'agit d'un grand continent entouré par de vastes mers et où l'on n'abordait guère qu'à la suite d'accidents ou de naufrages, les premiers arrivants comptent seuls quant à la population.

En effet, avant que de nouvelles embarcations, chargées d'émigrants des deux sexes, aient pu aborder en Amérique, de longs siècles peut-être s'étaient déjà écoulés, et les tribus primitives avaient eu le temps de se répandre un peu partout. L'imperfection des connaissances nautiques chez les anciens ne leur avait pas permis d'entretenir des relations suivies avec le Nouveau-Monde, en admettant, ce qui est probable, que quelques navigateurs grecs ou phéniciens l'aient touché sur divers points. Ils ne pouvaient donc ni y porter de colonies ni y faire d'invasions qui fussent de nature à altérer d'une manière sensible le sang des anciens habitants. Les naufragés qui y furent jetés par la suite s'empressèrent de faire ce que l'on a toujours fait en pareille circonstance : au lieu de se retirer dans les bois pour y vivre à l'écart, ils cherchaient asile chez les tribus les plus voisines : s'ils y étaient bien accueillis, ils se mariaient avec des femmes indigènes, et ne tardaient pas à se fondre complètement avec leurs nouveaux compatriotes. Tout au plus reconnaissaient-ils l'hospitalité reçue en répandant chez ceux qui les avaient accueillis quelques idées nouvelles, quelques germes de civilisation, ou bien se constituaient-ils en castes savantes et sacerdotales. On sait l'histoire de ce naufragé anglais qui, jeté sur la côte d'Australie, s'était constitué chef de la tribu voisine, et lui avait appris à construire avec plus de soin ses huttes et à confectionner des vêtements plus confortables. Autant le contact de la civilisation est funeste au barbare lorsque les hommes de la race la plus avancée sont réunis en groupe compacte, autant il lui est avantageux lorsque l'homme civilisé se présente seul ou en petits groupes. Nous n'aurions pour notre part, nulle répugnance à attribuer à quelques naufragés bouddhiques, japonais, chinois ou indous, une certaine influence sur le développement de la civilisation mexicaine. Il n'y a que quelques années, une jonque japonaise fut jetée sur les côtes de la Californie, et le même fait s'est produit plus d'une fois depuis la découverte.

Il est assez probable que les rives de l'Atlantique ont reçu également, mais à une époque fort reculée, des colons indo-européens et peut-être même celtes. Nous expliquerons volontiers par là la présence de quelques radicaux aryaques dans les langues algiques. Ex. : Breton, *skota*, échauder, brûler ; *skout*, *skoutaï*, feu, dans la plupart des idiomes lenapés. — *Sakih*, aime-le, aimer en Algonkin ; *sakya*, amour en Sanscrit. — Lenapé, *wigwam*, maison ; Skr. *viç* pour *vik*, est un radical signifiant habiter, d'où le grec οἶκος pour ϝοικος (forme archaïque) ; le latin *vicus*, etc., etc., etc.

L'opinion plus généralement admise qui fait descendre soit en totalité, soit en partie, les Américains de colons asiatiques, nous semble difficilement soutenable. Les idiomes américains n'ont offert jusqu'à ce jour que de bien faibles analogies avec ceux de l'extrême Orient, tandis que leur génie grammatical les rapproche singulièrement de l'Eskuara. D'un autre côté, l'affinité surprenante qu'au point de vue philologique nous présentent les races du Nouveau-

Monde est un indice bien puissant en faveur de unité originelle. On conçoit, en effet, qu'un pe conquérant et civilisé comme les Romains ai imposer sa langue à la plupart des nations de l'(dent. On ne s'expliquerait point qu'un tel phénon ait pu se produire au sein de tribus ennemies, lées et presque sans contact les unes avec les au Si l'influence de la civilisation aztèque n'a pas assez puissante pour faire disparaître la multitud dialectes en vigueur sur le plateau de l'Anahu comment veut-on que des peuplades grossières ignorantes aient propagé leurs idiomes chez d'au peuplades de race asiatique et effacé ainsi tous vestiges d'une colonisation venue de l'Orient? donc les idiomes américains se rattachent à groupe unique, c'est que les nations chez lesquel ils sont en vigueur ont, elles aussi, une commu origine. D'ailleurs, les colons asiatiques n'auraient pas apporté avec eux leur système graphique, l'usa de certains animaux domestiques? Mais, dira-t-o ils venaient de la Sibérie, ont passé par le détroit Behring et étaient à peu près aussi barbares q les indigènes! Remarquons d'abord qu'il n'exis qu'une seule population commune aux deux con nents, ce sont les Tchouktchis pêcheurs, lesque sont Esquimaux par leur langue, leur type physiq et leur manière de vivre. On ne doit pas les co fondre avec les Tchouktchis nomades, qui poss dent des troupeaux de rennes comme les autres race de la Sibérie et se rattachent d'ailleurs par leur lan gage à la souche Touranienne. Les races de l'Amé rique, au contraire, n'ont jamais su domestiquer l renne. L'ethnographie nous apprend donc que ce sont les Américains qui ont passé en Asie, non les Asiatiques en Amérique. D'ailleurs, les régions arctiques ne paraissent avoir été peuplées qu'assez tard. Ainsi la Laponie n'était, suivant toutes les apparences, qu'un véritable désert jusque vers le IXe ou le Xe siècle de notre ère. On en juge par le peu de progrès que, vers cette époque, les Lapons avaient fait dans l'éducation du renne. Un troupeau qui aujourd'hui semblerait insignifiant, constituait alors, à en juger par certains documents suédois, une véritable fortune. Tout nous porte à croire que les Esquimaux ont exécuté leurs grandes migrations vers le nord à une époque assez récente. On attribue, en grande partie, à l'invasion des *Skraelingars* (les Esquimaux d'aujourd'hui) la destruction des établissements scandinaves. Jusqu'au XIIIe siècle de notre ère, la plupart des terres arctiques de l'Amérique n'auraient été que de vastes solitudes où jamais le pied de l'homme ne s'était posé. Avant donc que des Sibériens soient parvenus jusqu'au détroit de Behring, l'Amérique avait eu tout le temps de se peupler.

On objectera, peut-être, la ressemblance du type de certains peuples américains avec celui des Mongols. Mais, d'abord, on a exagéré l'importance de ces ressemblances : les Eskimaux, que l'on a voulu ranger dans un même groupe avec les Lapons et les Samoïèdes sous le nom d'Hyperboréens, forment vraiment une famille à part, baptisée aujourd'hui du nom de Paraboréenne. En outre, la langue eskimaude est tout aussi américaine que l'Iroquois ou le Chippeway et ne se rattache en rien à l'Asie.

Enfin la ressemblance purement extérieure que l'on a cru saisir entre le type eskimau et le type hyperboréen, n'est elle-même sans doute que le résultat du séjour de tous ces peuples au milieu des glaces polaires. Ce qui est certain, c'est que les Eskimaux du Labrador, habitants d'une patrie un peu moins affreuse, sont plus grands de taille que leurs congénères du nord et se rapprochent plus des Peaux-Rouges. Enfin les Brésiliens, dont certaines tribus ont en effet des traits presque mongols et qui, frappés de leur ressemblance avec les Chinois débarqués à Rio-Janéiro, appelaient ces derniers leurs oncles, sont, de tous les Américains, ceux qui vivent le plus loin de l'Asie, ceux par conséquent à qui l'on doit être le moins porté à attribuer une origine asiatique.

Le type américain est à beaucoup d'égards une sorte d'intermédiaire entre le type caucasique et le type européen. On aurait donc (puisque l'hypothèse du mélange de races ne peut guère être soutenue) autant de raisons, au point de vue physique, pour rattacher les indigènes du nouveau monde à l'Europe qu'à l'Asie ; mais l'ethnographie nous enseigne, qu'en général plus les races s'éloignent de leur centre de dispersion, plus leurs traits tendent à s'altérer. Ainsi, les Aryens d'Europe ont conservé leur type primitif moins pur que ceux de la Perse ou de l'Inde. Le Grec est plus Aryen de traits que le Celte. Le Caffre n'est qu'à moitié nègre et se rapproche bien plus du blanc que l'habitant de la Guinée. Les Finnois, les Permiens, les Ostiaks sont à peine Mongols. Pour trouver le type jaune dans toute sa pureté, c'est-à-dire dans toute sa laideur, il faut aller chez les Tongoouzes, les Bouruètes, les Elcuthes. Si donc les Américains descendaient de ces peuples, ils auraient le type mongol aussi prononcé qu'eux, ce qui n'est pas. Au contraire, on a trouvé dans les cavernes de l'âge de pierre de notre Europe, à côté de certains crânes au type mongolique ou demi-mongolique, d'autres crânes presque américains. Si les Basques d'aujourd'hui diffèrent notablement des Peaux-Rouges, ils en diffèrent un peu moins que les Celtes ou les Germains. D'ailleurs, le grand nombre de racines aryennes, sanscrites ou zendes que nous trouvons en Basque, prouve que ce peuple s'est, depuis les époques les plus antiques, mêlé à des races indo-européennes. Suivant toutes les apparences, la race Eskuara est une race de métis. Ne voyons-nous pas mille exemples de faits analogues ? Les Hongrois ne sont guère Tartares que par leurs pères; par leurs mères, ils sont surtout Slaves ou Germains. De même, les Turcs Ottomans descendent la plupart d'un croisement de peuples Mongols et de Persans, de Grecs ou d'Arméniens. Là où ce croisement n'a pas été aussi persistant, comme dans certains cantons de l'Asie-Mineure, le Turc ressemble beaucoup au Kalmouk.

Enfin l'on sait que, par suite des fréquentes razzias exécutées par les Araucaniens sur le territoire des blancs, et d'où ils ramènent de nombreuses captives, leur type tend à se modifier et à s'embellir. Partout, en un mot, où des peuples de races jaune, noire ou cuivrée se sont trouvés en contact avec la race caucasique, le type blanc a toujours tendu à prédominer. C'est une suite du penchant qui entraînait les Turcs et les Hongrois à s'emparer de femmes européennes, plus belles à leurs yeux que leurs propres compagnes. Ne voyons-nous pas aujourd'hui, sur beaucoup de points de l'Amérique, les Négresses et les Indiennes rechercher la compagnie des blancs, et le type caucasique effacer les autres petit à petit, malgré le nombre minime des Créoles de race européenne ? Le même fait a parfaitement pu se produire à l'égard des Basques actuels. Ces derniers auraient, en grande partie, conservé la langue de leurs ancêtres sans conserver la pureté de leur sang. N'est-il pas probable aussi que le type américain s'est, dans une certaine mesure du moins, formé sur place, qu'il est à certains égards le produit d'un ciel, d'un climat fort différent de celui de l'Europe ? On sait que ces influences climatériques sont infiniment plus puissantes sur un peuple barbare et sauvage que sur un peuple civilisé. Un voyageur français, qui a longtemps habité la Californie, nous affirme que l'on peut, sans trop de difficulté, juger, à l'inspection d'un Indien, de la localité qu'habite sa tribu. Les peuplades qui occupent les plaines bien arrosées et fertiles en gibier sont vigoureuses, assez belles, et montrent une certaine industrie dans la confection de leurs instruments de guerre ou de chasse. Au contraire, les tribus des districts miniers, généralement stériles et arides, se distinguent par leur état de dégradation physique et intellectuelle, le peu de développement de leur front, la petitesse de leur taille et leur laideur repoussante. Si l'influence du climat américain a pu, s'exerçant sur des hommes civilisés, créer un type *Yankee* différent à certains égards du type anglo-saxon, quels n'ont pas dû être ses effets sur de misérables hordes de chasseurs? Ainsi donc, l'on conçoit fort bien, *à priori*, que le type vasco-américain primitif, se rapprochant sans cesse de celui des Indo-Européens en Europe, s'en éloignant au contraire tous les jours chez les tribus du Nouveau-Monde, ait fini par se perdre complètement; qu'un beau jour, les données fournies par l'anthropologie, ainsi que cela est arrivé si souvent, ne se soient plus du tout trouvées d'accord avec celles qu'indique la philologie. Ajoutons que les races primitives de l'Europe ne paraissent pas avoir manifesté des aptitudes pastorales aussi prononcées que la race Touranienne. Dans les plus anciennes couches où se rencontrent les débris des habitations lacustres, les ossements d'animaux domestiques sont rares, ceux d'animaux sauvages très-fréquents et indiquent l'existence dans ces lieux d'hommes vivant à peu près exclusivement de chasse, ainsi que les Peaux-Rouges. Mais cet état, qui se conserve aujourd'hui encore en Amérique, prit fin de bonne heure en Europe, même avant la fin de l'âge de pierre, et les hommes devinrent surtout pasteurs ou agriculteurs.

Caen. — Typ. F. Le Blanc-Hardel.

www.ingramcontent.com/pod-product-compliance
Ingram Content Group UK Ltd.
Pitfield, Milton Keynes, MK11 3LW, UK
UKHW021117230726
13926UKWH00002B/530

9 782013 633987